Jürgen Helfricht

Zauberhaftes Radebeul

Silhouetten der Wein-, Villen- und Gartenstadt

Husum

Umschlaggestaltung unter Verwendung von Motiven aus dem Buch

Bibliografische Information der Deutschen Nationalbibliothek

Die Deutsche Nationalbibliothek verzeichnet diese Publikation in der Deutschen Nationalbibliografie; detaillierte bibliografische Daten sind im Internet über http://dnb.dnb.de abrufbar.

Abbildungsnachweis
Alle Fotos und Reproduktionen von Jürgen Helfricht, außer: Goldener Anker S. 66 (2); Stefan Häßler 20 (1); Karl-May-Museum S. 92; Koenig & Bauer AG Radebeul S. 115 (1); Landesbühnen Sachsen/Hagen König S. 86 (1); Dieter Malschewski S. 15 (1); Willy Rentsch S. 56, 57; Holm Röhner S. 22 (1); Sächsische und Dresdner Back- und Süßwaren GmbH & Co. KG S. 114 (1); Dirk Sukow S. 55 (1); Sächsisches Staatsweingut Schloss Wackerbarth S. 22 (1), 25 (2); Stadtarchiv Radebeul S. 6, 8, 10 (1), 11 (1), 13; Teekanne GmbH S. 61 (1), 114 (1).

Gesamtherstellung: Husum Druck- und Verlagsgesellschaft,
Postfach 1480, D-25804 Husum – www.verlagsgruppe.de

ISBN 978-3-89876-843-6

Inhalt

Frühe Abbildung der erstmals 1273 urkundlich erwähnten Kirche von Kötzschenbroda

Kleiner Spaziergang durch die Jahrhunderte

Westlich der Landeshauptstadt Dresden erstreckt sich acht Kilometer rechts der Elbe ein Juwel der Natur und Architektur: die zwischen Fluss und Hochfläche vier Kilometer breite Wein-, Villen- und Gartenstadt Radebeul. Ein sächsischer König nannte diese durch den Zusammenschluss von zehn Gemeinden entstande Oase, diese romantische Kulturlandschaft im Elbtal, „Sächsisches Nizza". 16 der 26,14 Quadratkilometer umfassenden Großen Kreisstadt mit über 34 000 Einwohnern nehmen Äcker, Gärten, Rebhänge und Wald – darunter das 586 Hektar große Landschaftsschutzgebiet Lößnitz – ein. Ihr tiefster Punkt in den Elbauen liegt 101 Meter über dem Meeresspiegel, der höchste erreicht in Wahnsdorf 246 Meter.

Bereits um 2000 v. Chr. lassen sich in dieser Gegend Siedlungsspuren aus der Jungsteinzeit finden. Bis in die Völkerwanderungszeit von germanischen Stämmen bewohnt, kam die Gegend im fünften und sechsten Jahrhundert unter sorbischen Einfluss. Nach Gründung der Mark Meißen und des Bistums Meißen im Jahre 968 erfolgte die Ansiedlung deutscher Kolonisten aus Franken, Thüringen und Niedersachsen. Diese freien Bauernfamilien, welche in der Regel eine halbe Hufe Land (etwa 10 Hektar, Dorfrichter das Doppelte) erhielten, rodeten den Wald, bauten ihre Häuser und legten Felder an. Zur Hutung, für Streu und Holz blieben Wald und Wiesen gemeinsamer Besitz. Adel und Kirche, daneben auch die durch Beute und Schenkungen des Königs zu Besitz und Macht gekommenen Grundherren, besaßen in allen Gemeinden Vorwerke. Deren Ländereien mussten von den Bauern mit bewirtschaftet werden. Bedrängnis und Notlagen zwangen viele Bauern, ihr Land an die Grundherren zu verkaufen. Die Grundbesitzer verlehnten es gegen Zinszahlung wieder an einen Bauern, was Letzteren in Abhängigkeit zur weltlichen oder kirchlichen Macht brachte. Ab 1144 bezeugen Urkunden zu diversen Rechtsgeschäften (u.a. Spenden, Streitfälle, Landkauf) das Vorhandensein von Dörfern, die zweifellos schon längere Zeit vorher existierten: Naundorf (1144), Kötzschenbroda (1226), Lindenau (1287), Serkowitz (1315), Radebeul (1349), Wahnsdorf (1350), Zitzschewig (1366). Wie unspektakulär diese Ersterwähnungen sind, zeigt jene des Dorfes Radebeul. Dessen Name wurde 1349 notiert, als Frau Sophie von Kürbitz mit Zustimmung ihrer Söhne zwei Talente jährlicher Geld- und Getreidezinsen an das Domkapitel zu Meißen verkaufte. Das 150 Meter lange Gassendorf Fürstenhain mit 23 kleinen Anwesen, in denen Handwerker wie Schuster, Schneider, Maurer oder Bader werkelten, entstand um 1540 (Ersterwähnung 1555) auf Kötzschenbrodaer Flur. Die Gemeinde Oberlößnitz ging 1822 aus der Gründung eines „Communalverbandes der Weinbergsbesitzer" hervor. Ähnlich das 1832 entstandene Niederlößnitz, an dessen Wurzeln eine Vereinigung von Weinbergsbesitzern steht, die ihre Interessen durch Gründung eines Vereins mit 358 Einwohnern wahrten.

Hauptort war über Jahrhunderte der Marktflecken Kötzschenbroda. Das Verzeichnis der „Wehrfähigen Männer des Adels und der Bauernschaft" von 1445 führt exakt 15 Armbrüste sowie 45 Spieße und Flegel auf. Als Kirchort (ein Geistlicher wird erstmals 1296 genannt) für die westlichen Gemeinden besaß Kötzschenbroda ein Schulhaus (spätestens 1487 existierte ein Kirchenlehrer). Während es aus der Zeit der Bauernkriege an Nachrichten mangelt, ist die nach dem Tode von Herzog Georg dem Bärtigen (1471–1539) im April 1539 eingeführte Reformation für die Gegend bezeugt. Kirchliche Besitzungen wie Serkowitz, Radebeul und das halbe Dorf Zitzschewig gingen in jenen Tagen in weltliche über. Deren Verwaltung unterstand fortan dem Prokuratur-

Das Elbtal bei Kötzschenbroda mit Kirche und Windmühle. Felder, Gärten und Weinberge erstreckten sich bis in Flussnähe.

Amt Meißen. Unter Kurfürst Moritz (1521–1553), der in einer Verwaltungsreform Vorwerke auflöste und das Land an Bauern verteilte, erhöhte sich die Zahl der Güter. Laut Zinsregister besaßen 1545 Naundorf 41, Zitzschewig 36, Kötzschenbroda 90 und Radebeul 11 Güter.

Durch Pestzeiten, Dorfbrände, Kriege und Wetterereignisse erlitten die Dörfer immer wieder herbe Rückschläge. Wenn Höfe vereinsamten, Felder und Weinberge wüst lagen, sich nur Friedhöfe rasant füllten, wüteten Pestjahre wie 1583, 1626, 1632/33 und 1679/80. Die aus Holz und Stroh gebauten Häuser brannten wie Zunder, Funkenflug konnte rasch das halbe Dorf samt Hab und Gut vernichten. 1598 raste eine Feuersbrunst durch Kötzschenbroda, verwandelte in zwei Stunden 70 Häuser samt Viehställen und Scheunen zu Aschehaufen. Dazu das Pfarrhaus, den Kirchturm, in dem sogar die Glocken schmolzen, Schule, Schreiberei und Badstube (Großbrände verwüsteten die Gemeinde nochmals 1672, 1724 und 1747). 1627 brannte Radebeul total ab (erneut 1782). 1748 vernichtete ein Schadensfeuer innerhalb von drei Stunden halb Naundorf (1784 ein Blitzschlag 15 Gehöfte). Entsetzliches Leid kam im Dreißigjährigen Krieg über die Dörfer. Die Kriegsfurien hinterließen neben dem großen Sterben Hunger und Armut. 1637 brannten Schweden Kötzschenbroda bis auf drei Güter nieder. Im Pfarrhaus zu Kötzschenbroda paraphierten acht Jahre später schwedische und sächsische Unterhändler ei-

nen Waffenstillstandsvertrag. Verwüstete Weinberge und Felder, geplünderte Häuser und Scheunen hinterließ auch der Siebenjährige Krieg (1756–1763).
So sehr der Fischreichtum der Elbe einen Verdienst bot, der Fluss Lasten transportierte, Schiffsmühlen antrieb und 1634 sogar einen Seehund anspülte – die unberechenbaren Fluten brachten immer wieder schlimme Überschwemmungen, rissen dabei große Landstücke fort. Zwei Bäuerinnen verhinderten am 18. Oktober 1784, dass auf der unterspülten Meißner Poststraße bei Serkowitz die Kutsche von Kurfürst Friedrich August (1750–1827) in gurgelnden Strudeln versank, und retteten damit wohl dem späteren König von Sachsen und seinem Bruder Anton (1755–1836, König ab 1827) das Leben. Die Hauptstraße wurde danach Richtung Hang verlegt, 1785 bis 1789 zwischen Serkowitz und Kötzschenbroda der Elbdamm errichtet (1792/94 bis Naundorf verlängert).
Schätzungsweise seit 1000 Jahren wird in der Region Weinbau betrieben. Über Jahrhunderte erwarben Fremde Besitz an Rebbergen, welche sich oft von der Elbe bis auf die Hänge hinzogen. Das Erbbuch von 1547 nennt 33 Dresdner und vier Leipziger Bürger, dazu 13 Adelige wie die Familien von Miltitz und von Schönberg sowie den Abt von Zelle. Viele Lindenauer verdingten sich bei ihnen als Winzer. Das älteste Steinhaus war das vermutlich um 1570 durch Kammermeister Harrer errichtete „Bennohaus". Ab 1648 baute Kurfürst Johann Georg I. (1585–1656) sein „Berg- und Lusthaus Hoflößnitz". Auch der alte Bischofsberg in Zitzschewig und das Haus „Fliegenwedel" entstanden. Eine zweite große Bauphase setzte im 18. Jahrhundert ein: 1727 erwarb August Christoph Graf von Wackerbarth (1662–1734) Land für sein Schloss von Naundorfer Bauern. „Alt-Friedstein", die Gebäude auf dem von Minckwitzschen Weinberg oder Haus „Sorgenfrei" in Oberlößnitz sind ebenfalls Schöpfungen jener Zeit.
1813/14 litten die Bewohner im Elbtal wieder besonders unter Kriegsschäden. Französische Einquartierungen, Truppendurchmärsche und Plünderungen waren an der Tagesordnung. 210 Personen des Kirchspiels überlebten die beiden Jahre nicht. Die bereits 1799 ins Leben gerufene Weinbaugesellschaft trug in jenen schlimmen Tagen dazu bei, dass dieser traditionsreiche Wirtschaftszweig die Notzeiten unbeschadet überstand. Für besseren Absatz der Weine sorgte der 1836 gegründete „Actienverein zur Fabrikation moussierender Weine" mit seiner „Champagnerfabrik Niederlößnitz" (später „Sektkellerei Bussard") – eine der ältesten Sektkellereien Deutschlands. Bereits 1831 hatte Sachsens neue Verfassung tief greifende Veränderungen bewirkt. Neben der Freiheit der Person war dies beispielsweise die Ablösung der Fronen durch Umrechnung in jährlich zu entrichtende Geldbeträge. 1838 löste die Gemeindeordnung alle alten Dorfgerichte auf. Altgemeinden wurden durch Politische Gemeinden ersetzt, welche Vorstände in vier Klassen wählten. Zu Errungenschaften

Die 1648/50 errichtete Hoflößnitz nach dem Titelbild des „Kleinen Vinicultur-Büchleins" von 1667

Reichsgraf August Christoph von Wackerbarth (1662–1734) – der Erbauer von „Schloss Wackerbarths Ruhe“

Um 1820 war „Schloss Wackerbarths Ruhe“ eine Akademie für junge Herren.

der neuen Zeit wurden die dampfgetriebenen Schiffe auf der Elbe und die Eisenbahnlinie Dresden–Leipzig. Beamte und Militärs im Ruhestand siedelten sich in Ober- und Niederlößnitz an, wo sich auch Privatschulen und Kuranstalten etablierten. Man traf sich in Vereinen, Volksfeste wie das Vogelschießen ab 1834 in Radebeul und Kötzschenbroda oder die Baumblüte in Wahnsdorf zogen Besucher an. Manch Dresdner trieb es an sonnigen Tagen in die reizvolle Lößnitz, wo zum Verdruss der alten Gasthofbesitzer neue Gast- und Schankstätten mit Konzert-, Theater- und Tanzveranstaltungen entstanden. Der Niedergang einer Kulturlandschaft oder besser die Vernichtung des Weinbaus verlief parallel zur Errichtung von Villenvierteln und Wohnquartieren. Die Heimsuchung kam mit Weinpflanzen aus den USA: Phylloxera vastatrix – die Reblaus! Unter der sonnendurchwärmten Erde breitete sich diese Geißel mit millionenfacher Nachkommenschaft sprunghaft aus, saugte mit ihren Stechborsten am weichen Gewebe der Wurzelspitzen. 1885 wies ein Gärtner der Lößnitz, ausgerechnet in den Königlichen Weinbergen, die ersten Rebläuse nach. Heerscharen von Hilfskräften konnten diese fast biblische Plage nicht einmal mit Petroleum, Schwefelkohlenstoff und lodernden Scheiterhaufen bannen. Aus saftigen grünen Hängen und Rebterrassen waren als unheilbar von der Reblaus verseucht klassifizierte und damit öde, von Unkraut überwucherte Geländewunden geworden. Allein in Radebeul betraf dies 55 Hektar mit 70 000 Stöcken. Quadratkilometergroße Flächen wurden für Bauland parzelliert oder beispielsweise in Aprikosen-,

Deutschlands zweitälteste Sektkellerei „Bussard" entstand 1836 als „Champagnerfabrik Niederlößnitz".

Das 1749 umgestaltete Spitzhaus. Elisabeth Andrae (1876–1945) malte um 1890 diesen Spitzhaus-Blick auf Dresden.

Erdbeer-, Kirsch- und Pfirsichplantagen umgewandelt. So bildete sich die Villen- und Gartenstadt Radebeul. Eine der Villen machte Abenteuerschriftsteller Karl May (1842–1912), der Vater von „Winnetou" und „Old Shatterhand", zu seinem Alterswohnsitz. Inmitten ehemaliger Weinberge richtete Friedrich Eduard Bilz (1842–1922) sein um 1900 europaweit bekanntes Naturheilsanatorium ein. Dank des Wirkens von Landwirtschaftsrat Carl Pfeiffer (1872–1946) ab 1913 und der 1928 eröffneten „Weinbauversuchs- und Lehranstalt" gelang mit Pfropfreben eine Revitalisierung des Weinbaus.

Bedeutende Industrien mit Tausenden Arbeitsplätzen wie die 1874 nach Radebeul verlegte „Chemische Fabrik v. Heyden" des Chemikers Friedrich von Heyden (1838–1926), welche den Arzneimittelstoff Salicylsäure herstellte, siedelten sich nahe der Eisenbahnlinie an. 1887 kam die „Metall-

Aus Weinbergen wurde Bauland. Villenquartier um die 1890 errichtete Ev.-Luth. Lutherkirche in Radebeul

plakate-Fabrik und Prägeanstalt Saupe & Busch", 1890 die „Feinseifen- und Parfümfabrik Bergmann & Co." sowie die Fabrik des Druckmaschinenherstellers August Koebig hinzu. 1896 gründete man die „Radebeuler Guss- und Emaillier-Werke", 1907 die „Waffelfabrik Haubold & Richter". Die „Radebeuler Schuhfabrik" wurde zum größten Stoffschuhfabrikant Deutschlands. 1927 zog die „Sächsische Präzisionswaagenfabrik Dresden" hierher. Von 1929 bis 1945 hatte auch das auf Arzneipflanzen und Homöopathika spezialisierte Welt-Unternehmen Madaus in Radebeul seinen Sitz. Der international bekannte Hersteller von Kaffeegewürzen und Würfeltee „Kaffeesurrogatfabrik Otto E. Weber" wurde 1937 „arisiert". Die Dresdner „Werkzeugmaschinenfabrik C. Richard Auerbach" verlegte 1885 die Produktion nach Kötzschenbroda. Auch Gustav Schmidts Unternehmen zur Fertigung von Nähmaschinenschiffchen ließ sich 1897 hier nieder. Auf dem Gelände des Knopfproduzenten „W. Käfer & Co." entstand 1924 die berühmte Schokoladenfabrik „Vadossi".

Die Infrastruktur der Gemeinden erlebte durch öffentliche Straßenbeleuchtung (1872 erste Petroleumlampen), Niederwarthaer Brücke (1875), Schul-, Post- und Rathausbauten, Telegrafenstation, Pferdebahn bis zum Dresdner Postplatz (1882), Eröffnung der Schmalspurbahn von Radebeul nach Radeburg (1884), durch Wasserwerk (erstes 1869), Gaswerk (1892), Elektrizitätswerk (1896), elektrische Straßenbahn nach Dresden (1899) in wenigen Jahrzehnten Quantensprünge. 1916 wird in Wahnsdorf die „Wetterwarte" in Dienst gestellt. Divergenzen zwischen finanziell schwachen und reichen Lößnitzorten, aber auch die Expansionsgelüste der Stadt Dresden, ließen Gemeinderäte immer wieder über Fusionen nachdenken. Wie sollte z. B. das arme Fürstenhain, in dem es 1873 je einen Krämer, Bäcker, Böttger, Schleifer, Schmied, Siebmacher, Grützemüller, Stellmacher, Steinguthändler, vier Schuster, drei Butterhändlerinnen und 13 Wäscherinnen gab, die hohen Gemeindekosten aufbringen? 1876 verband man sich mit Kötzschenbroda (zum Ort kam 1920 auch Lindenau). 1905 vereinigten sich Radebeul und Serkowitz. Weiteres verhinderte der Ausbruch des Ersten Weltkrieges, in welchem mithilfe französischer Kriegsgefangener 1915 der weithin sichtbare Wasserturm entstand. Erst 1923 schlossen sich die westlichen Ortschaften zur Großgemeinde Kötzschenbroda zusammen. Ein Jahr später erhielten sowohl Radebeul (Weintraube und Rad im weißroten Feld als Wappen) als auch Kötzschenbroda (Wappen: Weintraube im goldenen Feld) Stadtrecht. Nachdem 1934 Ober-

Seit 1875 verbindet die Eisenbahnbrücke die Lößnitz mit dem gegenüberliegenden Elbufer von Niederwartha.

Blick von der Friedensburg auf den Westteil der Stadt in den 1930er-Jahren

lößnitz und Wahnsdorf nach Radebeul gekommen waren, vollzog man schließlich am 1. Januar 1935 den Zusammenschluss von Radebeul und Kötzschenbroda zur Stadt Radebeul.

Unter der unheilvollen Nazi-Diktatur von 35 167 Einwohnern 1933 um Tausende Bürger gewachsen, erlitt die Stadt bis auf den Sprengbombenabwurf an der Ahornstraße mit 31 Toten kaum Kriegsschäden und wurde am 7. und 8. Mai 1945 kampflos durch die Rote Armee besetzt. Ausgebombte Dresdner, deutsche Flüchtlinge aus Böhmen, Mähren und Schlesien ließen sich in Radebeul nieder. So stieg die Einwohnerzahl 1946 auf 41 207 an. Unter der SED-Diktatur vergrößerte sich die Bürgerschaft bis 1950 auf 44 293, sank dann bis 1990 auf 31 195 (Tiefpunkt 1993 mit

30 339 Einwohnern). Neben Zwangskollektivierung, Enteignungen oder dem Verfall der historischen Bausubstanz erlebte die Stadt in jener Zeit auch Aufwertungen: die Eröffnung der „Landesbühnen Sachsen" (1950), die Einweihung der Volkssternwarte „Adolph Diesterweg" (1959), der Umzug der „Puppentheatersammlung Dresden" ins Hohenhaus (1960), die neuerbaute Schwimmhalle (1984), die Ausstellung „Karl May – Leben und Werk" in seinem einstigen Wohnhaus „Villa Shatterhand" (1985) und die 1987 in der Hoflößnitz eröffnete Dauerausstellung zum Weinbau. Das Ende der DDR und der Beitritt zur Bundesrepublik Deutschland 1990 entzog wichtigen Großunternehmen die Grundlage ihrer weiteren Existenz. Gleichzeitig flossen durch private und öffentliche Investitionen Milliarden in Infrastruktur, Kulturdenkmale, Neubauten und Unternehmens-Ansiedelungen, wurde Radebeul zu einem bevorzugten Wohnort. Mit Europas erstem Erlebnisweingut, dem „Sächsischen Staatsweingut Schloss Wackerbarth", der „Stiftung Weingutmuseum Hoflößnitz" nebst sächsischem Weinbaumuseum und dem ersten zertifizierten ökologisch wirtschaftenden Weingut Sachsens, dem Karl-May-Museum, zahlreichen Hotels und Restaurants ist die Große Kreisstadt Radebeul (seit 1995) an der Sächsischen Weinstraße und dem Elb-Fernradweg mit ihrer 1999 unter Denkmalschutz gestellten historischen Weinberglandschaft der Lößnitz heute ein wichtiges touristisches Ziel Mitteldeutschlands.

Radebeuler Winzerin bei der Weinlese auf den Steilterrassen um 1950

Markttreiben in Kötzschenbroda nach dem Ersten Weltkrieg

Erlebnisse in der Kulturlandschaft der Reben

Das Leben der Radebeuler Winzer ist ein Leben von und mit der Natur. Es beginnt im Winter. Noch liegen Schnee und Kälte über den für die Gegend so typischen Steilterrassen (30 Hektar der 85 Hektar Rebfläche im Stadtgebiet sind Steillagen bis 47 Grad Steigung). Doch längst sind Frauen und Männer beim Rebschnitt. Bald ist Frühjahr und damit der Austrieb. Bis dahin muss alles fertig sein. Im milden Licht wärmender Sonnenstrahlen zeigen sich die noch sehr empfindlichen Triebe. Damit Nachtfröste im Mai keinen Schaden anrichten, werden sogar Feuer entfacht. Die meisten Rebzweige überstehen das Wechselspiel der Temperaturen, ranken an Drahthilfen empor. Bald zeigt sich die Traubenblüte mit ihrem süß-würzigen Duft. Während sich das Rad der Zeit weiterdreht, wachsen die Trauben im Wechsel von Sonne und Regen. Viel Arbeit ist nötig, um alle Pflege- und Schutzmaßnahmen zu ergreifen. Im Herbst ist Erntezeit. Haben die Früchte ihre nötige Reife erreicht, werden sie gelesen, teilweise in Butten auf dem Rücken über Treppen und schmale Pfade hinab ins Tal zur Kellerei getragen. Schonend gepresst, kommt der frische, süße Saft sorten- und lagenrein in die Fässer im Weinkeller. So geschieht es seit fast 1000 Jahren in der Lößnitz und Radebeul. Lesnica, Waldbach, nannten slawische Siedler ein hier mündendes Wässerchen und seine Bergschlucht. Der Weiler Radobyl erinnert an den Namen eines Geschlechts. Nach deutscher Ostexpansion und Christianisierung fiel das Gebiet im 11. Jahrhundert unter die Herrschaft der Wettiner. Sachsens Markgrafen, Herzöge, Kurfürsten und Könige erkoren es zu ihrem Obst- und Weingarten. Allerdings reicht die bislang älteste Elbwein-Urkunde nur bis 1161 zurück. Als besonders feurig galten die „Kötzschberger und Zutzschwitzer" Weine. Sie reiften an den sonnigsten Lagen. An sozialen Rang bzw. an die Geschlechternamen der Eigentümer erinnert mancher Weinberg: Bischofsberg, Herrenberg, Hausberg oder Kynast, Meinhold und Minckwitz. Nur in unserer Fantasie können wir uns noch das einstige Paradies mit seinen tausend Steinmäuerchen und Treppchen vorstellen. Sie zogen sich zwischen saftigem Weinlaub, knorrigen Nussbäumen und alten Linden durch dieses sonnige Berg- und Hügelland. Wenige alte Zeugen dieser verklungenen Kultur sind heute noch zu finden. Durch Reblaus, Villenbauten und Industrialisierung veränderte die Gegend seit den letzten Jahrzehnten des 19. Jahrhunderts ihr Gesicht. Wein wird heute immer mehr zum Erlebnis. Bei zahllosen Hobbywinzern und einigen Weingütern, jedoch vor allem in Europas erstem Erlebnisweingut, dem Staatsweingut Schloss Wackerbarth. Traditionen des Reichsgrafen August Christoph von Wackerbarth (1662–1734) und jene von „Bussard" – eine der ersten Sektkellereien Deutschlands – sind hier wundervoll vereint.

Das 1727/31 erbaute achteckige Belvedere von „Schloss Wackerbarths Ruhe" (Ausmalung von 1884) und darüberliegende Weinberge mit dem 1742 errichteten Lusthäuschen Jacobstein im romantischen Schneekleid

Radebeuler Rebhänge des Sächsischen Staatsweinguts Schloss Wackerbarth im Winter. Wie alle 104 bewirtschafteten Hektar dieses renommierten sächsischen Weinbaubetriebes warten sie auf den Rebschnitt.

Panoramablick von den Rebhängen des Staatsweingutes auf das traumhafte Ensemble von Schloss Wackerbarth sowie über die Elbe bis zu den Hängen an der anderen Seite des Elbtalkessels

Als Rahmen für romantische Hochzeiten, Galas oder Musikveranstaltungen wird das barocke Ensemble des Wackerbarth-Belvederes inmitten des für die Sächsische Weinstraße typischen Terrassenweinbaus gern genutzt.

Wanderer auf dem Weg zum Jacobstein. Der Weinbergpavillon auf einem Felsvorsprung gilt als ein Wahrzeichen Radebeuls. Seine massive Kuppel bekrönt ein 1,80 Meter hoher Bacchus mit Thyrsosstab (Kopie von 1953).

Winzer Martin Schwarz (geb. 1962) vom gleichnamigen Weingut an seinen Rebstöcken unter dem Berghaus Neufriedstein. Dieser traumhafte Weinberg zählt zu den am meisten von der Sonne verwöhnten Plätzen im Elbtal.

Im Weinanbaugebiet Sachsen, in dem die Durchschnittserträge bei 35 Hektoliter je Hektar liegen, werden gegenwärtig 59 Rebsorten (81 Prozent weiße, 19 Prozent rote) angebaut. Neben dem 1882 gezüchteten Müller-Thurgau ist der schon unter den Römern kultivierte Riesling (oben links) der zweitwichtigste sächsische Wein. Zu den ältesten Kulturreben der Menschheit zählend, bekam der Blaue Spätburgunder (oben Mitte) im 4. Jahrhundert nach Christi im Burgund seinen Namen. Wein mit fruchtigem Aroma und rubin- bis ziegelroter Farbe liefert der Schwarzriesling oder Müllerrebe (oben rechts). Der Silvaner (unten) ist mit 0,45 Hektar Anbaufläche ein Exot an der Sächsischen Weinstraße. Doch Kenner lieben die harmonischen Weine mit feiner Säure und zarter Blume.

Wackerbarth-Winzermeisterin Iris Halgasch (geb. 1966) bei der Lese an Deutschlands ältestem Rebstock der Sorte Frühe Leipziger im „Goldenen Wagen". Er ist etwa 350 Jahre alt.

Winzerin bei der Lese im „Goldenen Wagen". Der Weinberg ist Teil der Großlage „Goldener Wagen". Diese umfasst 31 Hektar, davon 11 Hektar extreme Steillagen.

Winzer Karl-Friedrich Aust (geb. 1978) bindet die Kalebstraube für das alljährlich stattfindende Weinfest. Sein Weingut mit 4,5 Hektar Rebhängen befindet sich im „Meinholdschen Turmhaus" am Eingang zur Weinbergstraße.

Durch diesen vier Meter hohen Torbogen, dessen Schlussstein Bacchus auf dem von zwei Rössern gezogenen Prunkwagen zeigt, geht es in den 1710 erstmals erwähnten Weinberg „Goldener Wagen".

Sachsens größte barocke Treppenanlage ist die Spitzhaustreppe. Sie führt durch den Weinberg „Goldener Wagen", überwindet mit ihren 325 Sandsteinstufen 76 Meter Höhenunterschied.

Kellermeister Jürgen Aumüller (geb. 1974) inmitten der 130 mächtigen 225-Liter-Fässer im Barrique-Keller des Staatsweingutes Schloss Wackerbarth. Dessen Jahresproduktion beträgt 600 000 Flaschen Wein und Sekt.

Rund 250 000 Flaschen Sekt nach klassischer Flaschengärung stellt man jährlich im Tiefkeller von Schloss Wackerbarth her. Jedes der 120 Rüttelpulte fasst genau 120 Sektflaschen.

Herbst am Minckwitzschen Weinberg mit Berghaus von 1729. Der Name des Weinbergs zwischen Oberer Bergstraße und Finsterer Gasse geht auf Familie von Minckwitz zurück, welche das Grundstück seit 1853 besitzt.

Blick von der Straußwirtschaft Ballbergaussicht (Bodenweg 39b) aufs Elbtal. Neun dieser saisonal geöffneten Gastbetriebe, die auch Besenschänke oder Besenwirtschaft heißen, laden zum Probieren Radebeuler Weine ein.

Im heute bewaldeten Kroatengrund, wo bis zur Reblauskatastrophe um 1885 auch Weinbau betrieben wurde, erinnern noch die alten Mauern an längst vergangene Zeiten.

Hoflößnitz – das kurfürstlich-königliche Weingut

Die Geschichte der reizvollen „Hoflößnitz"-Gebäudegruppe (Knohlweg 37) am Fuße des Weinbergs „Goldener Wagen" reicht bis zum 8. Mai 1401 zurück. Damals kaufte Markgraf Wilhelm I. von Meißen (1343–1407) das Dorf Kötzschenbroda mit sämtlichen Äckern, Wiesen und Weingärten. Kristallisationskern der Anlage war das Presshaus mit Wohnung des Bergverwalters, Wasserhäuschen und einer Sonnenuhr-Säule. 1622 wird in den Akten erstmals von der „Hofleßnitz" geschrieben. 1648/50 ließ Kurfürst Johann Georg I. (1585–1656) das im Grundriss 10,54 mal 20,84 Meter große „Lust- und Berghaus" durch Landbaumeister Ezechiel Eckhard (1595–1673) auf einer Heidesandterrasse errichten. 1677 ersetzte man den achteckigen Fachwerkturm mit geschweifter Haube durch einen aus Stein nebst Wendeltreppe im Inneren. Das Parterre mit Kreuzgratgewölbe des Weinbergschlosses beherbergte einst die „Große Tafelstube", die „Marschallstube" und Küchenräume. Hochadelige Wohnkultur spiegelt das Obergeschoss mit Kaminen und Kachelöfen wider. Hier entstanden neben dem 10 mal 10 Meter großen Festsaal Räume für den Kurfürsten und die Kurfürstin. In alter Pracht erhielten sich die Wand- und Deckenmalereien von 1656/63. Teilweise bis heute rätselhaft sind die 80 Gemälde von Vögeln und mehrere mit Wasserlebewesen. Erst 1688 kam das westlich gelegene „Winzerhaus" (L-förmiger Bau, tonnengewölbter Weinkeller) hinzu. Zur „Hoflößnitz" gehören noch das anstelle des 1824 abgebrannten „Pressenhauses" durch Landbaumeister Carl Mildreich Barth neu errichtete klassizistische Gebäude, in dem bis heute Wein geküfert wird, sowie das spätklassizistische, sogenannte „Kavalierhaus" von 1843 (im östlichen Flügelbau u. a. das Kreuzgratgewölbe aus dem 17. Jahrhundert erhalten) vom gleichen Architekten. Bergwärts hinter dem Hauptbau steht unter einem Schutzdach die hölzerne Spindelpresse. Unter Friedrich August I., dem Starken (1670–1733), und dessen Sohn erlebte die Hoflößnitz Feste mit Winzeraufzügen. Im Siebenjährigen Krieg (1756–1763) waren österreichische Militärs im Schloss einquartiert. 1834 wandelte man die „Hoflößnitz" in ein Staatsweingut innerhalb der königlichen Domänenverwaltung um. Die Reblaus in den Königlichen Weinbergen 1887 sorgte für das Ende des Weinbaus und die Versteigerung des Objektes 1889. 1912 gründete sich der Hoflößnitzverein, in dessen Besitz die „Hoflößnitz" mit 2,8 Hektar Grundbesitz im gleichen Jahre ging. Nach dessen Konkurs übernahm die Gemeinde Oberlößnitz den Besitz. Sie etablierte 1919 eine Schoppenstube, 1925 ein Museum sowie eine Jugendherberge. Mit der Eingemeindung von Oberlößnitz nach Radebeul wurde die „Hoflößnitz" 1935 Stadtweingut. Heute beherbergt die Anlage das Sächsische Weinbaumuseum und das erste ökologisch wirtschaftende Weingut Sachsens (rund 10 Hektar Rebland). Seit 2011 ist die Stiftung auch Veranstalter des Sächsischen Winzerzuges, eines großen Festumzuges zum Abschluss der Weinlese.

Panoramablick auf Villenquartiere und das Gebiet des Weinbergs „Goldener Wagen" mit der Weingutsanlage „Hoflößnitz", Jahrestreppe, Bismarckturm und Spitzhaus

Zu jeder Jahreszeit ist das von Rebstöcken umrahmte Berg- und Lusthaus einen Besuch wert. In der Farbenpracht des Herbstes erscheint das heutige Stadtweingut und Sächsische Weinbaumuseum besonders romantisch.

Die „Hoflößnitz" (Grundriss 10,45 mal 20,84 Meter) vom Hof des faszinierenden Gebäudeensembles betrachtet. Seit 1677 existiert der achteckige steinerne Treppenturm mit geschweifter Haube und Wetterfahne.

Prachtvoll ist das durch plastische und architektonische Elemente hervorgehobene Eingangsportal zum annähernd quadratischen Festsaal. Zwei Säulen flankieren die Tür.

Die Wappenkartusche zeigt das kurfürstlich-sächsische Wappen von Johann Georg I. (1585–1656) und das herzoglich-preußische Wappen seiner zweiten Gemahlin Magdalena Sibylla (1586–1659).

Zu den sechzehn nahezu lebensgroß gemalten Tugenden im großen Saal in der Beletage, die sich zwischen den Pilastern der unteren Wandregion befinden, gehörten auch die Pietas (Frömmigkeit) und Magnanimitas (Hochherzigkeit). Weitere aus dieser Reihe sind: Wohlwollen, Wachsamkeit, Stärke, Sanftmut, Heldenmut, Mäßigkeit, Gerechtigkeit, Weisheit, Würde, Verstand, Tapferkeit, Beständigkeit, Künste-Kenntnis, Klugheit.

Emblem „Eintracht gefelt Gott und Menschen“ an der Ostwand des Saales. Insgesamt 32 dieser aus Bild und Text zusammengesetzten Kunstformen mit geistiger Bedeutung (Sinnbilder) sind zu finden.
Zur prachtvollen Ausmalung der Vertäfelungen, die den Dresdner Hofmalern Christian Schiebling (1603–1663) und Centurio Wiebel (1616–1684) zugeschrieben werden, zählt auch dieser Putto „Musica“.

Vier der 80 gerahmten Leinwände, die sich zwischen der Balkenlage der Saaldecke befinden. Die 84 „brasilianischen und afrikanischen“ Vogelarten sollen von Albert von Eyckhout (um 1607–1666) stammen.

Blauscheitelmotmot (links)

Goldsittich und Blauscheitelmotmot (rechts)

Hornwehrvogel (links)

Amerikanischer Uhu (rechts)

Das Schlafzimmer des Kurfürsten zieren zahlreiche „Fischgemälde“: Seehund, der 1634 Fischern von Kötzschenbroda ins Netz ging; Putto mit schlangenartigem Wassergetier; der mit einem Wels kämpfende Putto; Putto ringt mit einem unbekannten Flussgeschöpf.

Durch dieses mit Efeu umrankte Tor betritt der Besucher die Anlage der „Hoflößnitz“ von Osten. Im Schlussstein findet sich das Radebeuler Wappen mit dem Rad (sechs Speichen) und der Weintraube.

Zur prächtigen Anlage der „Hoflößnitz“ zählen bergwärts hinter dem schlossähnlichen Anwesen auch das Kavalierhaus und das Presshaus (links) mit Tourist-Information und Gutsverkauf.

Das kursächsische Wappen über dem Eingang zum „Lust- und Berghaus Hoflößnitz". Die nicht sichtbare Jahreszahl 1650 darunter verweist auf das Ende der Arbeiten von Landbaumeister Ezechiel Eckhard (1595–1673).

Die städtische Stiftung Hoflößnitz ist auch Veranstalter des Sächsischen Winzerzuges zum Abschluss der Weinlese. Nach einer Vorlage von 1840 ziehen über 400 Statisten in historischen Kostümen mit Fahnen, Kutschen und Pferden durch Radebeul.

Winterstimmung am Rebhang der „Hoflößnitz". Die Panoramaaufnahme zeigt eins der traumhaften Villenquartiere und die extrem steilen Terrassenweinberge unterhalb von Bismarckturm und Spitzhaus.

Landsitze, Palais, Villen und Winzerhäuser

An 1275 postalischen Adressen Radebeuls sind 1565 Kulturdenkmale ganz unterschiedlicher Art zu finden. So existieren in der Stadt verschiedene adelige Landsitze wie „Schloss Wackerbarths Ruhe", „Hoflößnitz", Hohenhaus oder das nach Umbauten seit 1902 als Restaurant genutzte Spitzhaus. Daneben bürgerliche Palais bzw. Herrenhäuser wie Berghaus Neufriedstein, Haus Sorgenfrei, Mohrenhaus und Schloss Wettinhöhe. Eine Ausnahme stellt hier die 1870/71 als Gaststätte konzipierte Friedensburg dar, die nur noch Wohnzwecken dient. Doch charakteristisch ist der überaus große Reichtum an Villen, Mietvillen und herrschaftlichen Landhäusern nördlich der Haupteisenbahntrasse (297 Villen in Radebeul-Ost, 326 im Westteil der Stadt). Ein Großteil von ihnen befindet sich oberhalb der Meißner Straße und wurde ab 1860 bis zum Beginn des Ersten Weltkrieges 1914 errichtet. Während Architekten und Bauherren zuerst spätklassizistische Gebäude bevorzugten, wandte man sich später auch der Reformbaukunst zu. Als wichtigste Baumeister traten hier die Gebrüder Ziller, Moritz Gustav Ferdinand Ziller (1838–1895) und Gustav Ludwig Ziller (1842–1901), auf. Alle Villen und Landhäuser mit ihren zahlreichen Übergangsformen zeichnet aus, dass es sich um frei stehende Gebäude handelt, von Gärten oder gar kleinen Parks umgeben. Viele der prachtvollen Bauwerke wurden in den letzten Jahrzehnten von ihren Besitzern liebevoll restauriert. Überall leuchten wieder die mit Schiefer und Biberschwänzen gedeckten Dächer, entstanden kunstvolle Stuckaturen, Bossenputz, Sandsteingewände und Schmiedeeisenarbeiten in alter Pracht. Manche Villa ist seit den 1990er-Jahren auch völlig neu hinzugekommen. Einer Erweckung aus ihrem Dornröschenschlaf harrt die „Villa Kolbe" (Zinzendorfstraße 16). 1890/91 wurde sie im Stil eines deutschen Renaissanceschlosses für den Chemiker Carl Kolbe (1855–1909), den allein zeichnungsberechtigten Generaldirektor der Chemischen Fabrik von Heyden, gebaut. Sie fand sowohl Aufnahme im berühmten „Dehio-Handbuch der deutschen Kunstdenkmäler" als auch im Standardwerk „Die bürgerliche Villa in Deutschland 1830–1900". 48 Häuser – fast alle unter Denkmalschutz stehend – erinnern heute noch an einstige Winzer-Herrlichkeit. Zwischen 1373 und 1880 erbaut, künden sie vom Wohlstand ihrer früheren und der Kunst des Bewahrens heutiger Besitzer. Manche Bauten wurden durch Überformungen des 19. und 20. Jahrhunderts eher zu Landhäusern oder landhausartigen Villen, erreichen fast die Qualität herrschaftlicher Sitze. Einige der Denkmale – sie sind entsprechend ihrer Lage in der Stadt von Westen nach Osten geordnet – können hier nur kurz in Bild und Wort vorgestellt werden.

Panoramablick von der Terrasse des 1825 errichteten Berggasthauses „Zum Pfeiffer" (Pfeifferweg 51) auf den Osten von Radebeul. Hinter der Kötzschenbrodaer Kirche sieht man das Unterbecken des 1927 bis 1930 gebauten Pumpspeicherwerkes Niederwartha.

Ehemaliges „Weingut Paulsberg" (Paulsbergweg 21) in Zitzschewig am Eingang des Rietzschkegrundes. Um 1800 ließ Landesweinmeister Martin Fleischmann das Haupthaus errichten. Die Jahreszahl 1853 im Risalit der dreiflügeligen Anlage deutet auf einen ersten Umbau hin.

Als frühester Besitzer vom „Hohenhaus" (Barkengasse 6) ist Bischof Konrad II. (†1375) bekannt. Ab 1832 gehörte es der Kaufmannsfamilie Thienemann. Am 5. Mai 1885 heiratete Marie Thienemann (1860–1940) in Kötzschenbroda den späteren Literaturnobelpreisträger Gerhart Hauptmann (1862–1946). Ihre beiden Schwestern waren bereits mit Hauptmanns Brüdern vermählt.

Das auf einem Bergsporn über dem Elbtal thronende „Schloss Wettinhöhe“ (Auerweg 2) geht auf Carl Gottlob Wackwitz zurück. Dieser schuf 1858 auf einem alten Weingut den zweigeschossigen spätklassizistischen Mittelteil der Villa. Die Neorenaissance-Anbauten stammen von 1880.

Östlich des Dorfkerns von Zitzschewig befindet sich die aus Presshaus und Herrenhaus bestehende „Bischofspresse“ (Bischofsweg 1). Die Grundmauern des Kellers stammen von 1373. Damals stellte hier der Meißner Bischof Konrad II. von Kirchberg-Wallhausen (†1375) eine Weinpresse auf.

Mit dem klassizistischen Freundschaftstempel im Garten erinnerte 1811 der Dresdner Stadtchirurg Michael Elz (†1820), seit 1794 Besitzer des Grundstücks, an seine früh verstorbene Frau.

Prachtvoll wie keine zweite Schlossanlage fügt sich seit 1727/32 das Barockpalais „Wackerbarths Ruhe“ (Wackerbarthstraße 1) in die uralte Weinkulturlandschaft des Elbtals ein. Der Alterssitz des Generalfeldmarschalls, Kabinettsministers und Dresdner Gouverneurs August Christoph Graf von Wackerbarth (1662–1734) ist heute Staatsweingut.

Mit einem blühenden Magnolienbaum empfängt uns Ende März die zweigeschossige Villa Meißner Straße 296. Beeindruckend an der Straßenseite des 1894 fertiggestellten Hauses: der dreiachsige Mittelrisalit mit Volutengiebel, die Pilastergliederung im Obergeschoss und die Terrasse mit pfeilergestütztem Altan.

„Haus Fliegenwedel" (Am Jacobstein 40) und „Jacobstein" im Winter. Die Grundmauern des Hauses umschließen einen 60 Quadratmeter großen Gewölbekeller für die einstigen Weinvorräte, der wesentlich älter als das barocke Gebäude (errichtet 1675) ist. Das teilweise in den Hang gebaute Erdgeschoss beherbergte u. a. den Pressraum.

Ein Schloss für Kinder ist heute die burgartige Villa im Tudorstil „Mohrenhaus“ (Moritzburger Straße 51) am mittlerweile völlig bewaldeten Hang des Leimgrundes. Die Grundstücksakten reichen bis 1544 zurück. Das Prachtanwesen entstand allerdings erst in den Jahren 1868/71. Neben Kaufleuten war der Landtagsabgeordnete Alwin Bauer (1856–1928) hier Hausherr.

Klein, aber fein diese eingeschossige Villa mit Souterraingeschoss, halbrundem Vorbau mit Säulen, Gesims und Attika (Am Bornberge 2). Der Arzt Dr. Julius Büttner bezog 1878 dieses Refugium mit eigenem Brunnen. Der halbrunde Vorbau wurde allerdings 1893 angefügt.

Links: Ein Wahrzeichen ist die mit Mauerzinnen und Turm im Stil mittelalterlicher Wehranlagen neogotisch konzipierte „Friedensburg“ (Obere Burgstraße 6) mit 7952 Quadratmetern Grundstück oberhalb der Niederlößnitzer Weinberge. 209 Meter über dem Meeresspiegel vollzieht sich hier die Wandlung vom 1870/71 erbauten Restaurant zur Nobelwohnanlage.

An der Hangkante des Elbtals reckt sich im Stadtteil Niederlößnitz seit 1771/72 das „Berghaus Neufriedstein", auch „Mätressenschlösschen" genannt (Mohrenstraße 10). Den einstigen Familienbesitz von 21 652 Quadratmeter kaufte 1993 Karl-Erivan Haub (geb. 1960), Geschäftsführer der Unternehmensgruppe Tengelmann, zurück und erweiterte ihn durch eine Wohnvilla.

Wildromantisch, ja geradezu verträumt, begegnet uns „Haus Lotter" (Winzerstraße 83) mit Laubengang und überdeckter Außentreppe zum Obergeschoss an der Hofseite. Es gehört zu den ältesten Winzerhäusern der Lößnitz. Der Name erinnert an Uhrmacher Alfred Lotter, der in dem Fachwerkhaus 1925/26 seine Werkstatt einrichtete.

Eine Eigenart der alten Radebeuler Architektur strahlt auch diese 1888 erstmals bezogene landhausartige Villa (Heinrich-Zille-Straße 66) mit Drempel und traufständigem Satteldach, zweigeschossigem Mittelrisalit mit Dreiecksgiebel, Stuckornamentik und Pilaster aus.

Zu den Prunkbauten gehört die auf Fabrikant und Erfinder Johannes Wilhelm Hofmann (1876–1956) zurückgehende „Hofmann-Villa“ (Ledenweg 2) von 1916. Ab 1937 stellte er sämtliche in Deutschland benötigte Hochspannungsarmaturen her. Heute ist das Grundstück, in welchem einst Hirsche gehalten wurden, geteilt und mehrfach bebaut.

Am Eckgrundstück Ledenweg 22 zur Karl-Liebknecht-Straße steht diese in alter Schönheit sanierte und um einen Neubau ergänzte kleine eingeschossige landhausartige Villa. 1884 von der Baurevision freigegeben, ist bis heute die hölzerne Veranda im Erdgeschoss eine Zierde des Putzbaues mit Fensterrahmungen und Gesims in Sandstein.

Als gelungenes Beispiel der Symbiose von Kulturlandschaft und Wohneigentum sei diese nach 1995 entstandene Radebeuler Villa aufgeführt. Der Architektenentwurf fügt sich harmonisch in die an Denkmalen reiche Obere Bergstraße am Elbtalhang ein.

Zwischen Finsterer Gasse und Oberer Bergstraße liegt das weitläufige Areal eines der früher bedeutendsten Güter, des „Minckwitzschen Weingutes". Am Fuß des Weinbergs stehen das ehemalige Herrenhaus und Nebengebäude (Obere Bergstraße 30, 30a, 30b). Stichbogenportal und Schlussstein gehen auf das Jahr 1712 zurück.

Das „Haus Keyl" (Hoflößnitzstraße 68) gehört zu den repräsentativen zweigeschossigen Einfamilienhäusern im Heimatstil. Schuhfabrikant Fritz Keyl zog 1931 in das Landhaus mit hohem Satteldach und den markanten dreiviertelrunden Ecktürmen mit schmalen Kegelhelmen ein. Kunststein-Putten von Burkhart Ebe (1881–1949) zieren die Terrasse.

Weithin sichtbar ragt auf der Hangkante des Elbtalkessels ein Wahrzeichen der Region empor: das denkmalgeschützte „Spitzhaus" (Spitzhausstraße 36). Unter wechselnden Besitzern – u. a. Mätressen-Legende Anna Constantia Reichsgräfin von Cosel (1680–1765) – entstand aus einem zweigeschossigen Lusthaus von 1672 durch Anbauten bis zum Jahr 1902 das heutige Panorama-Restaurant 241,3 Meter über dem Meeresspiegel.

Als Weingut-Ensemble, das heute wieder dem alten köstlichen Zweck dient, erhielt sich das „Meinholdsche Turmhaus" (Weinbergstraße 10). Ursprünglich bestand es um 1650 aus einem Winzerhaus mit Keller und Presse. Der Nordflügel mit achteckigem Turm entstand um 1720, die Toreinfahrt mit den barocken Sandsteinputten „Sommer" und „Winter" um 1800.

Rechts oben: Dieses herrschaftliche Landhaus mit halbrundem Standerker über zwei Geschosse und Kegelhaube (Loggia mit korbbogigen Öffnungen) steht seit 1910 auf dem Grundstück eines früheren Fachwerk-Winzerhauses. Der Bauherr: Richard Lange (1845–1932), Sohn des Ferdinand Adolph Lange (1815–1875) aus der berühmten Glashütter Uhrmacher-Dynastie.

Rechts: Das Fachwerkhaus „Haus Lorenz" an der Weinbergstraße 28 (gewölbter Sandsteinkeller, Holztreppe zum Obergeschoss, Saal mit Bemalungsresten) von 1680 mit den Weinspalieren an der Südseite gehörte von 1891 bis 1937 Familie Lorenz. Die ab 1900 hinter dem Haus betriebene Gärtnerei mit eigenen Brunnen wurde 1992 aufgegeben.

Links: Dieser Traumblick zur Baumblüte bietet sich Bewohnern und Gästen des „Retzschgutes" (Weinbergstraße 20) auf die steilen Rebterrassen unterhalb von „Bismarckturm" und „Spitzhaus". Wo heute wieder ein kleines Weingut existiert, ließ sich ab 1813 der Maler und Radierer Moritz Retzsch (1779–1857) auf Grundmauern von 1649 sein Haus bauen.

Die Landhaus-Villa Weinbergstraße 40 mit geheimer Symbolik, zerklüftetem Walmdach, Turm und Loggia hinter Säulen im Obergeschoss entwarf sich 1895 ein Architekt als Wohnhaus, welcher Mitglied der Freimaurerloge „Zum goldenen Apfel" war: Oswald Haenel (1842–1911), Sohn des bekannten Oberlandbaumeisters Karl Moritz Haenel (1809–1880).

Zur Erinnerung an den Hl. Bischof Benno von Meißen († um 1107) steht das „Bennoschlösschen" oder „Bennohaus" (Bennostraße 35) inmitten eines Rebhanges. Das älteste erhaltene Herrenhaus der Oberlößnitz, vom kurfürstlichen Rentkammermeister Hans Harrer (um 1530–1580) kurz vor seinem Suizid 1580 errichtet, hat mit Benno nichts zu tun.

Die 1900 durch Architekt Oskar Menzel (1873–1958) für Familie Sommer besonders aufwändig im neubarocken Stil entworfene „Villa Sommer" (Augustusweg 44, Ecke Bennostraße) besticht durch Opulenz im Bau und einen Park mit wertvollem Baumbestand im leicht abfallenden Gelände.

„Haus in der Sonne“ nannte Martin Hammitzsch (1878–1945) sein herrschaftliches Winzerhaus mit 12 680 Quadratmeter Park an der Elbtal-Südhangkante (Weinbergstraße 44). Hammitzsch, der auch Architekt der Zigarettenfabrik „Yenidze“ war, lebte hier u. a. mit seiner zweiten Frau Angela (1883–1949), der Halbschwester von Adolf Hitler (1889–1945).

Ein Vertreter der Heimatstilarchitektur in der Region, Alfred Tischer (1884–1971), baute das eingeschossige Einfamilienhaus Augustusweg 46 mit hohem Walmdach 1933 für sich selbst. Von 1920 bis 1940 außerdem Eigentümer von „Haus Sorgenfrei“, nahm er beim zurückhaltenden Bau Rücksicht auf die beherrschende Stellung des Nachbargrundstücks.

Zu jeder Jahreszeit fasziniert das schmuckvoll verzierte Herrenhaus am Ende einer kleinen Allee mit Nebengebäuden, Brunnenanlage und Lustgarten: „Haus Sorgenfrei“ (Augustusweg 48). Heute ein Hotel-Restaurant, wurde das letzte erhaltene Gebäude im sogenannten „Dresdner Zopfstil“ 1783 von Christian Friedrich Freiherr von Gregory (1757–1834) erbaut.

Das 1789 fertiggestellte Festsaalgebäude von „Haus Sorgenfrei“ mit seinem romantischen Ambiente in abendlicher Stimmung. Es verfügt über sieben Achsen in der symmetrisch angelegten Fassade. Eine Fenstertür führt zur Gartenterrasse des unteren Gartens.

Gregorys hölzernes Wappen über dem Portal. Der 1798 in den Adelsstand erhobene kurfürstlich sächsische Hofkammerrat besaß in Dresden ein Kreditinstitut mit Sitz im „Hotel de Pologne“. Mit dem sächsischen Prinzen Maximilian (1759–1838) war er befreundet.

1894 vollendeten die „Gebrüder Ziller" diese zweigeschossige Mietvilla mit ausgebautem Dach und rückwärtigem Seitenflügel (Dr.-Schmincke-Allee 19). Ihre Firma kaufte damals frühere Weinbergareale, entwickelte darauf ganze Villen-Straßenzüge samt öffentlichen Anlagen.

Vom Aussichtspunkt Am Dammberg liegt dem Betrachter der Ostteil von Radebeul zu Füßen. Der Blick schweift zur gegenüberliegenden Elbtalkante und darüber hinaus. In der Mitte des linken Bildviertels die Lutherkirche, rechts daneben die heute das Stadtbild etwas störenden DDR-Industriebauten der 1970er-Jahre vom einstigen VEB Kraftwerksanlagenbau.

Figuren-Rondell in der Dr.-Schmincke-Allee. Bauunternehmer Moritz Ziller (1838–1895) kaufte die Tonfiguren nach einem Entwurf des Bildhauers Julius Franz (1824–1887). Mit seinem Bruder Gustav (1842–1901) betrieb er das Baugeschäft „Gebrüder Ziller“, welches wohl größter Nutznießer des Baubooms zwischen Gründerzeit und Jahrhundertwende war.

Denkmalgeschützt ist auch dieser Pavillon an der Pestalozzistraße 5. Der auf vier Pfeilern ruhende Bau mit geschweiftem Dach, Krüppelwalmgiebelchen und Laterne geht auf Dackdeckermeister Franz Lützner aus Kötzschenbroda zurück. Um 1897 ersann er diesen als Materialmusterbau für seine Radebeuler Filiale.

Der Besitzer der Kaffeegewürz-Fabrik Otto E. Weber (1840–wohl 1914) gab 1889 diese pompöse Villa (Meißner Straße 47) in Auftrag, welche seit der Fusionierung des Betriebes 1952 mit einer Dresdner Teefabrik auch „Tee-Villa" genannt wird. Einzigartig z. B. die Loggia im Obergeschoss, die von einer Karyatide und zwei Säulen getragen wird.

Prachtvoller Hauseingang des 1903 errichteten dreigeschossigen Mietshauses Pestalozzistraße 21. Er ist als Sitznischenportal ausgebildet, wird von zwei Säulen mit Obelisken flankiert, verfügt über plastische Ornamente und ein Ovalfenster.

Rechts außen: Eingang zur „Villa Kolbe" (Zinzendorfstraße 16). Ihm sieht man nicht sofort an, dass die Villa noch der Erweckung aus ihrem Dornröschenschlaf harrt. 1890/91 im Stil eines deutschen Renaissanceschlosses für den Chemiker Carl Kolbe (1855–1909), den Direktor der Chemischen Fabrik von Heyden, bebaut, wartet das Grundstück seit Jahrzehnten auf Hilfe.

Altkötzschenbroda – unser „Sächsisches Grinzing“

Liebevoll sanierte, historisierend errichtete und sich harmonisch ins Ortsbild einfügende neue farbenfrohe Häuser mit Bars, Gasthöfen, Hotels, Restaurants sowie kleinen Läden wie jenem der Bauernfamilie Reiche machen den Charme von Altkötzschenbroda aus. Seit 1935 trägt die Straße durch den historischen Dorfkern von Kötzschenbroda, der in Form eines fränkischen Straßenangerdorfes angelegt wurde, diesen Namen. Ab Mitte des 20. Jahrhunderts dem Verfall preisgegeben, sollten die giebelständig aufgereihten Fachwerkhäuser (meist massives Untergeschoss) der Winzer, Handwerker oder des Gemeindehirten sowie die bäuerlichen Dreiseithöfe (bestehend aus Haupthaus, Auszugshaus und Scheune) mit imposanten Weinkellern einer DDR-Plattenbausiedlung weichen. Engagierte Bürger und die demokratische Wende 1989 verhinderten den Untergang der in Jahrhunderten gewachsenen Atmosphäre. 1994 als Sanierungsgebiet ausgewiesen, entstand hier nahe der Auenlandschaft, den Streuobstwiesen und dem Radweg an der Elbe Radebeuls romantische Flanier- und Kneipenmeile mit stillen Gässchen und Biergärten. Wie seit Jahrhunderten wird in den Gewölben, unter knorrigen Balken und an lauen Sommerabenden unter der Kirchplatzlinde eine alte Lößnitz-Tradition gepflegt: die Gastfreundschaft! Dass Alkötzschenbroda zum „Sächsischen Grinzing“ wurde, verdankt es auch dem bayerischen Großinvestor Dr. Christoph Dross (geb. 1966). Dieser erwarb ganze Häuserzeilen und ließ sie in altem Glanz erstrahlen. Vom kulturhistorisch wertvollen Markt mit Denkmal für die im Ersten Weltkrieg gefallenen Bürger an der ältesten Kirche der Stadt und der Oberschänke reicht der Anger über das Ortszentrum mit dem Goldenen Anker (Hotel) und der stählernen Brunnenplastik „Gegen den Strom“ von Karl Menzen (geb. 1950) bis zur Anlegestelle der Sächsischen Dampfschiffahrts-Gesellschaft. Ab 1946 machte der Nachkriegs-Jazz- und Schlagersänger Bully Buhlan (1924–1982) mit seinem „Verzeih'n Sie, mein Herr, fährt dieser Zug nach Kötzschenbroda?“ den für manche Ohren skurril klingenden Ort deutschlandweit bekannt. Wir verzeihen ihm heute, dass er Kötzschenbroda in seiner Parodie als Synonym für ein Provinznest, als Endstation, verewigen wollte. Heute steht Altkötzschenbroda in jedem guten Reiseführer, ist eine vielbesuchte Touristen-Attraktion. Neben dem überregional bedeutsamen Herbst- und Weinfest finden hier auch Wochenmärkte und im Advent der gemütliche Familien-Weihnachtsmarkt mit „Lichterglanz und Budenzauber“ statt.

Nordseite des Dorfangers Altkötzschenbroda von der Bahnhofstraße (links) bis zur Nummer 22. Im 1861 erbauten Haus Nr. 11 befand sich von 1926 bis 1998 die „Storch“-Drogerie. Die Nr. 19 mit dem Restaurant „Schwarze Seele“ war ursprünglich ein Bauernhof, später Bäckerei. In der nach 1805 gebauten Nr. 22 hatte Kürschnermeister Pötzsch ab 1868 sein bekanntes Ladengeschäft.

Winterstimmung an der Station Radebeul der Sächsischen Dampfschiffahrt. Schon seit 3. Oktober 1837 befindet sich diese Haltestelle unterhalb der „Dampfschiff"-Restauration (Uferstraße 10). Damals nahm die „Sächsisch-Böhmische Dampfschiffahrtsgesellschaft" mit Kötzschenbroda ihren einzigen Unterwegshalt im Linienverkehr zwischen Dresden und Meißen in Betrieb.

Zum Charme des „Sächsischen Grinzing“ gehören auch zahlreiche Biergärten inmitten des malerischen Dorfangers Altkötzschenbroda mit seinen schattenspendenden Bäumen.

Hotel
Goldener Anker
Ladenpassage

Links: Elbseite vom „Goldenen Anker“, der nach Schließung und Verfall ab 1950 erst seit 1999 wieder als Hotel- und Gaststättenbetrieb in altem Glanz erstrahlt. In den uralten Kellergewölben lässt sich prächtig zechen. Rezeption des privat geführten Hotels.

Hotel und Gasthaus „Goldener Anker“ in der Nr. 61. Erstmals ist diese traditionsreiche Einkehrstätte 1497 als „Niederschänke“ erwähnt. Bis ca. 1875 gehörten zu diesem größten Gut des Dorfes sogar eine Schiffsmühle und bis nach 1870 eine Windmühle. 1850 wurde hier der erste Tanzsaal Kötzschenbrodas eröffnet.

Der Schlussstein mit der Jahreszahl 1881 am Wohnstallhaus Altkötzschenbroda 53 täuscht darüber hinweg, dass vom ursprünglichen Dreiseithof mit Scheune auf dem Areal nur noch wenig Originalsubstanz vorhanden ist. Nach Abriss 1999 erfolgten bis 2001 Neubauten, zu denen auch der Kindergarten gehört.

Im winzigen Fachwerkhaus ist auf etwa 30 Quadratmetern über drei Etagen viel zu Geschichte und Alltag von Kötzschenbroda zu erfahren. Das Gebäude gehörte als Auszughaus zum ehemaligen Dreiseitenhof, dessen Entstehung auf die Zeit nach dem Brandjahr 1805 zu datieren ist.

Nr. 20, 1805 als Dreiseithof errichtet, beherbergt heute das „Familienzentrum“. Bei der Sanierung 1991 bis 1994 verwendete man natürliche Materialien wie Lehmputz. In der „Kulturschmiede“ Nr. 21 (mit Heimatstube und Kulturamt) bestand nach dem Großbrand 1805 tatsächlich eine Schmiedewerkstatt.

„Treten Sie ein, sonst verhungern wir beide!“, lockt es von der Fassade des Wirtshauses Altkötzschenbroda Nr. 26. Wie die benachbarte Nr. 27 wurden nach 2000 auf alten Grundrissen die Dreiseithöfe für touristische Zwecke komplett neu aufgebaut.

Zugewachsener alter Eingang vom Kirchplatz zum Hof des Pfarrhauses der Friedenskirche. Auf dem Platz wurde zum 300-jährigen Reformations-Jubiläum Sachsens 1839 eine Linde gepflanzt. Nördlich davor das 1925 geschaffene Denkmal für die Gefallenen des Ersten Weltkrieges von Bildhauer Alfred Lehmann.

Vor dem zweigeschossigen giebelständigen Wohnhaus (um 1850 entstanden) mit dem 1900 eingebauten Fleischerladen (heute Metzgerei Christian Wirthgen) steht Weingott Bacchus bei einem herbstlichen Festumzug auf schwerem, von Pferden gezogenem Streitwagen.

Eine Radebeuler Schauspielerlegende fehlt auf keinem Herbst- und Weinfest: Herbert Graedtke (geb. 1941) als mit Reblaub umrankter weinseliger Gott, hier mit Sachsens 23. Weinkönigin Juliane Kremtz (geb. 1987).

Die Tafel im Straßenpflaster und der uralte wurmstichige Holztisch in der Friedenskirche erinnern an einen wichtigen historischen Moment im Dreißigjährigen Krieg: Am 27. August 1645 wurde im Pfarrhaus der Waffenstillstandsvertrag zwischen Kursachsen und Schweden unterzeichnet. Jedoch bestehen Zweifel, ob dieser Tisch wirklich Zeuge des Friedensschlusses war.

Blick vom Turm der Friedenskirche auf den Dorfanger und die Lößnitz-Weinberge mit dem beeindruckenden Gebäudeensemble an der Hangkante des Elbtals. Dieses zeigt (von links) Wasserturm, Friedensburg und Minckwitzschen Weinberg.

Beeindruckende Bauwerke von Kirchen, Stadt und Land

Vermutlich im 12. Jahrhundert entstanden, ist die Kirche zu Kötzschenbroda (seit 1935 Friedenskirche) 1273 erstmals erwähnt. Die ev.-luth. Friedenskirche (Altkötzschenbroda 40) erinnert mit ihrem Namen an ein bedeutsames Ereignis: 1645 wurde unter Pfarrer Augustin Prescher (1593–1675) im Pfarrhaus der Waffenstillstand zu Kötzschenbroda unterzeichnet. Das romanische Kirchlein überlebte die Hussitenkriege nicht. Der spätgotische Bau soll erst 1515 vollendet worden sein. Nach Dorfbrand 1598 (Wiederaufrichtung bis 1627) und Kriegstreiben schwedischer Truppen baute man das zerstörte Gotteshaus ab 1637 im Renaissancestil wieder auf. Ihre heutige Gestalt geht auf den teilweisen Neubau im neogotischen Stil durch Karl Weißbach (1841–1905) in den Jahren 1884/85 zurück. Die ev.-luth. Lutherkirche (Kirchplatz 1) an der Meißner Straße schuf 1891/92 das Dresdner Architekturbüro Schilling & Graebner. Der repräsentative Bau (kreuzförmiger Grundriss mit mittigem Turm im Norden, großes Radfenster über dem Portal) erinnert an die deutsche Renaissance. Das Innere dominiert ein weites Tonnengewölbe mit Stichkappen und Kreuzrippen sowie den Bleiverglasungen im Chor. Diese schuf Josef Goller (1868–1947). Zur Friedenskirchgemeinde gehören die 1938 umgebaute ev.-luth. Wichernkapelle (An den Brunnen 1) in Lindenau sowie die 1907/08 von Woldemar Kandler (1866–1929) für Naundorf und Zitzschewig errichtete ev.-luth. Johanneskapelle (Kapellenweg 14). 2001 konnte die röm.-kath. Kirche Christus König (Borstraße 11) geweiht werden. 1899/1900 ließ Radebeul sein Rathaus (Pestalozzistraße 6) bauen. Architekt Gustav Reinhold Hänichen (um 1860–1924) entwarf das dreigeschossige Gebäude im Stil der Neorenaissance: links mit Seitenrisalit und Stufengiebel, mittigem Rundbogenportal im Altanvorbau, rechts ein polygonaler Erker mit Haube und Spitze. Dazu Dachreiter nebst Turmuhr. Wie 145 deutsche Kommunen verfügt Radebeul über den 1907 geweihten Bismarckturm.

Neben verschiedenen Schulbauten aus Kaiser- und Vorkriegszeit entstand in den 1950er-Jahren inmitten der Rebhänge (Auf den Ebenbergen 10a) die Volkssternwarte „Adolph Diesterweg". Von der Gründung an als Reisetheater konzipiert, sind die Landesbühnen Sachsen mit Stammsitz in Radebeul (Meißner Straße 152) heute ein Mehrspartenhaus (Musiktheater, Schauspiel, Ballett) ohne eigenes Orchester. Am 1. August 1916 ging auf der 246,4 Meter über NN gelegenen Wahnsdorfer Kuppe das Spezial-Observatorium der 1905 gegründeten „Königlich Sächsischen Landeswetterwarte" in Betrieb. Dominierendes Gebäude ist ein sechsstöckiger Beobachtungsturm. Heute beherbergt das Objekt die Staatliche Betriebsgesellschaft für Umwelt und Landwirtschaft.

Links: Von den Streuobstwiesen der Elbaue hat man einen herrlichen Blick auf die ev.-luth. Friedenskirche. Charakteristisch sind die Dachgauben mit Spitzhelmen und der neogotische Spitzhelm auf achteckigem Turmaufsatz, welcher auf dem quadratischen Westturm ruht.

Die 1907/08 von Woldemar Kandler (1866–1929) für Naundorf und Zitzschewig entworfene ev.-luth. Johanneskapelle am Kapellenweg. Sie ist von einem Gottesacker umgeben.

Inneres der Friedenskirche: Im Chor haben sich aus der Spätgotik Spitzbogenfenster mit Maßwerk, Strebepfeiler mit gekehlten Abdeckungen, das Rippennetzgewölbe und ein spitzbogiger Triumphbogen erhalten.

Der Taufstein der Lutherkirche ist ebenfalls eine Arbeit von Kurt Roch.

Von der Wahnsdorfer Höhe aus hat man diesen Blick auf die ev.-luth. Lutherkirche in Radebeul-Ost an der Meißner Straße. Am Bau aus tiefroten Backsteinen und hellem Sandstein sieht man das große Radfenster über dem Doppelportal und die Turmspitze aus Kupferblech.

Kirchenschiff der Lutherkirche mit Kanzel und Altar von Kurt Roch (1861–1923) sowie die beiden überlebensgroßen Holzfiguren von Moses und Johannes dem Täufer, welche Richard König (1863–1937) schuf.

„Gnadenstuhl" – eins der drei Altarfenster von Josef Goller (1868–1947)

Der zweigeschossige moderne Bau der röm.-kath. Kirche Christus König hat die Form eines gleichseitigen Dreiecks mit begrüntem Flachdach und besteht durchgängig aus farbigen Glasfronten. Er ist eine Kreation der Architekten Günter Behnisch (1922–2010) und Gerald Staib (geb. 1950).

Sicht von der Empore der lichtdurchfluteten Kirche auf den Altar. Die sakrale Innenausstattung ist das Werk von Reiner Tischendorf (geb. 1947).

Rechts: Beim 1899/1900 errichteten dreigeschossigen Radebeuler Rathaus vermischen sich historisierende Elemente mit dem Jugendstil.

Zur 1909 vollendeten Innenausstattung gehören neben Stuckarbeiten mehrere von Professor Josef Goller (1868–1947) gestaltete Kunstglasfenster. Diese zeigen im Treppenaufgang den Bauern am Pflug und eine allegorische Figur.

Holzgetäfelter Ratssaal. Historienmaler Walter Wittig (1864–1940) dekorierte ihn mit dem 12,3 Meter mal 2,34 Meter großen Wandgemälde „Die Errichtung von Gefällen in Radebeul an Abgesandte des Domstifts Meißen um 1520“.

Das Kolossalgemälde besticht durch zauberhafte Details aus dem dörflichen Flair der Lößnitz-Gemeinde und porträtiert Personen des öffentlichen Lebens um das Jahr 1520.

Weinbau, Industrie und Landwirtschaft zieren als Bleiglas-Kunst die große Fensterfront.

Selbst das Radebeuler Wappen findet sich in einem der Fenster des Ratssaales wieder.

Das imposante Schulgebäude gegenüber dem Rathaus entstand 1896/97 nach Entwürfen des Architekten Carl Käfer (1856–1910). Nach dem Ersten Weltkrieg erhielt es den Namen des Schulreformers Johann Heinrich Pestalozzi (1746–1827). Heute gehört es zum Lößnitzgymnasium.

Bronze-Plastik „Die Sterngucker" von Bildhauer Walter Howard (1910–2005) an der Aussichtsplattform vor dem modernen Zeiss-Kleinplanetarium der Volkssternwarte

Sonnenuhr und Refraktorkuppel der nach dem Vorkämpfer für die populäre Himmelskunde Adolph Diesterweg (1790–1866) benannten Radebeuler Sternwarte. Sie verfügt u. a. über den 1969 gebauten Zeiss-Coudé-Refraktor (150 Millimeter Öffnung, 225 Zentimeter Brennweite).

Auf 1000 Quadratmeter gestiftetem Grundstück schuf Architekt Wilhelm Kreis (1873–1955) bis 1907 an der Elbtal-Hangkante die dreistufige Terrassenanlage nebst nach oben offenem Turm mit Aussichtsplattform. Er erinnert an den ersten Reichskanzler des Deutschen Reiches Otto Fürst von Bismarck (1815–1898).

Die Landesbühnen Sachsen an der Meißner Straße. 2000/01 finanzierte der Freistaat den modernen Umbau des Stammhauses (Theatersaal 410 Plätze). Seit 1954 wird auch die 1936 gegründete Felsenbühne Rathen in der Sächsischen Schweiz in den Sommermonaten von dem Theater bespielt.

Bühnenbild der Oper „La Traviata“ an den Landesbühnen Sachsen

Ehemalige Wetterwarte Wahnsdorf mit Beobachtungsturm. Seit 1928 als „Meteorologisches Observatorium Wahnsdorf" firmierend, gehörte man ab 1934 zum Reichswetterdienst und ab 1950 zum Meteorologischen Dienst der DDR.

Abenteuer & Heilkunst – Karl May und Friedrich Eduard Bilz

Zwei im selben Jahr geborene Männer wählten Radebeul als Heimat, wurden Freunde, die der Spiritismus vereinte, machten die Stadt europaweit berühmt und liegen seit ihrem Tode in Grabstätten nebeneinander: Karl May (1842–1912) und Friedrich Eduard Bilz (1842–1922)! Hadschi Halef Omar, Winnetou oder Old Shatterhand – seit fast eineinhalb Jahrhunderten reiten die Helden des Abenteuerschriftstellers Karl May durch die Herzen von Generationen. Der kleine Mann mit dem blonden Schnauzer und den graublauen Augen, dessen Bücher weltweit wohl fast 200 Millionen Mal gedruckt (100 Millionen in Deutschland) und in mehr als 40 Sprachen übersetzt wurden, fesselt bis heute Menschen mit seiner Fantasie. Zu Recht ist er der berühmteste aller Bewohner Radebeuls, wird an ihn u. a. mit dem Karl-May-Museum, den Karl-May-Festtagen und einer Straße erinnert. Im Oktober 1888 zog er mit seiner Frau Emma Lina geb. Pollmer (1856–1917) in die Lößnitz. Vermögend geworden, kaufte er 1895 das Haus Kirchstraße 5 (heute Karl-May-Straße 5), welches er „Villa Shatterhand" nannte und bis zu seinem Tode bewohnte. Seine zweite Frau Klara (1864–1944) gründete als Universalerbin 1913 die Karl-May-Stiftung und u. a. mit Euchar Albrecht Schmid (1884–1951) den Karl-May-Verlag.

Als „Altmeister der Naturheilkunde" wurde Friedrich Eduard Bilz legendär. Den Zeitgeist mit seiner Naturheil- und Lebensreformbewegung aufgreifend, hatte sich Autodidakt Bilz dank Heirat mit Marie Auguste Kreil (1848–1907) aus vermögender Familie in Meerane vom Weber und Kolonialwarenhändler zum Publizisten entwickelt. 1888 erschien die erste Auflage seines legendären Buches, das zum Standardwerk volkstümlicher Naturheilkunde werden sollte: „Bilz, das neue Heilverfahren, ein Lehr- und Nachschlagebuch für Jedermann in gesunden und kranken Tagen". 1890 kaufte er in der damals noch selbstständigen Gemeinde Oberlößnitz ein Weinberggrundstück und richtete das renommierte Bilz-Sanatorium ein. Hier fand er mit der Familie – von zwölf Kindern erlebten nur sieben den Welterfolg des Vaters – seinen Lebensmittelpunkt. Im Jahre 1905 folgte das Bilz-Licht-Luft-Bad, dessen 1912 eingebautes Undosa-Wellenbecken noch heute die Hauptattraktion im Bilz-Bad ist. Sein „Bilz-Buch", das im eigenen Leipziger Verlag erschien und z. B. in der Auflage von 1902 insgesamt 1528 Seiten mit zahlreichen Abbildungen und farbigen Klapptafeln zum Körperbau aufwies, machte den Naturheiler zum Multimillionär. Bis 1935 erschienen etwa 3,5 Millionen Bücher, übersetzt in zwölf Sprachen. Bilz war auch Miterfinder des ersten alkoholfreien Erfrischungsgetränkes „Bilz-Brause", das den Grundstein für die Marke „Sinalco" legte.

Von 1895 bis zu seinem Tode bewohnte Karl May die „Villa Shatterhand". Heute gehört sie der Karl-May-Stiftung, die hier im gleichnamigen Museum eine Ausstellung zu Leben und Werk des berühmten Abenteuerschriftstellers betreibt.

VILLA „SHATTERHAND"

Arbeitszimmer des Schriftstellers in der „Villa Shatterhand". Neben dem Schreibtisch sind hier verschiedene seiner Reiseandenken ausgestellt.

Oben: Karl May (1842–1912)

„Winnetou" – der berühmteste Roman von Karl May in der „grünen Reihe" des Karl-May-Verlags.

Wild-West-Blockhaus „Villa Bärenfett“ im Park des Museums. 1928 öffnete hier das größte indianische Privatmuseum Deutschlands. Den Grundstein der Exposition zum Leben der Indianer Nordamerikas legte die große Privatsammlung des Wiener Artisten Ernst Tobis (1876–1959), der unter dem Künstlernamen Patty Frank auftrat.

Im Karl-May-Museum kommen Indianerfreunde auf ihre Kosten. Das Diorama „Heimkehr von der Schlacht“ zählt zu den von Generationen bewunderten Exponaten in der „Villa Bärenfett“.

Das auch „Schloss Lössnitz“ genannte Bilz-Sanatorium mit 7,5 Hektar Elbhang: Hier wurden von 1895 bis 1945 Kranke behandelt. Seit 2007 ist das einstige Sanatorium eine luxuriöse Wohnanlage mit 26 Eigentumswohnungen (ca. 90 bis 192 Quadratmeter groß).

Der Bestseller „Bilz, das neue Naturheilverfahren“ machte seinen Autor zum Multimillionär.

Friedrich Eduard Bilz (1842–1922)

1912 eröffnete Friedrich Eduard Bilz in seinem 300 000 Quadratmeter großen Licht-Luft-Bad dieses künstliche Meereswellen erzeugende „Undosa-Wellenbad“. 1998 vom Kommunal-Unternehmen „Stadtbäder und Freizeitanlagen Radebeul GmbH“ mit Millionenaufwand saniert, empfängt es etwa 40 000 Badegäste im Jahr.

Diese historische Maschine zur Erzeugung der Meereswellen steht unter Denkmalschutz und funktioniert seit weit über 100 Jahren tadellos.

Den Eingang zur Eduard-Bilz-Straße am Alvslebenplatz säumen seit 1880 zwei Figurengruppen aus Ton der Firma Ernst March & Söhne aus Berlin-Charlottenburg auf hohen Sandsteinsockeln. Eine stellt den Gott des Weinbaus und eine weibliche Figur dar.

2002 ehrte Radebeul den großen Naturheiler mit einem Platz. Diesen zieren seit 2017 die Edelstahl-Skulptur einer Nymphe mit zur Sonne emporgereckten Armen von Roland Fuhrmann (geb. 1966), ein Trinkbrunnen und Bänke. Die Nymphe erinnert an die Jugendstildarstellung einer Bilz-Reklame.

Oben rechts: Das schlichte Familienbegräbnis Bilz neben dem pompösen Mausoleum von Karl May auf dem Friedhof Radebeul-Ost. Für Mays Grabmal diente der antike Nike-Tempel auf der Akropolis in Athen als Vorbild. Die Vorderansicht dominieren vier ionische Säulen mit Volutenkapitell.

Oben links: Bildhauer Selmar Werner (1864–1953) schuf für Karl Mays letzte Ruhestätte das Marmorrelief „Engel empfangen eine irdische Seele“.

Die Grabstätte von Friedrich Eduard Bilz trägt das Lebensmotto des bekannten Naturheilers: „Die Natur war mein Leitstern“.

Wo der „Lößnitzdackel“ durch die Fluren dampft

„Grundwurm“ oder „Lößnitzdackel“ nennt der Einheimische die nach fast einjähriger Bauzeit und 783 906,91 Goldmark Kosten am 16. September 1884 eingeweihte Schmalspurbahn (750 mm). Sie ersetzte damals die Postkutsche, verbindet heute Radebeul mit der Touristenhochburg Moritzburg und der Stadt Radeburg. Auf einer Länge von 16,49 Kilometern überwindet sie im malerischen Lößnitzgrund 72 Höhenmeter bis zur Elbtalkante, extra aufgeschüttete Dämme durch den Dippelsdorfer Teich und den Großteich sowie 17 Brücken, bedient elf Haltepunkte. 1913 erreichte das „Bimmelbähnle“ mit 400 000 Fahrgästen und 1937/38 mit täglich bis zu 48 Güterzügen sein größtes Passagier- bzw. Frachtaufkommen. Im Laufe der letzten Jahrzehnte verlagerte sich die Bestimmung vom Nah- und Güterverkehrsmittel (letzter Güterverkehr 1993) zur ausschließlich per Dampflokomotiven betriebenen Fremdenverkehrs-Attraktion mit täglichem Fahrplan, die Einheimische wie Touristen mit maximal 30 Kilometern pro Stunde und Eisenbahn-Nostalgie in ihren Bann zieht. Dazu trägt auch der 1974 eingeführte Traditionsbetrieb (historischer Wagenpark aus der Frühzeit sächsischer Schmalspurbahnen) bei, den der Verein „Traditionsbahn Radebeul e. V.“ seit 1991 auf der 1990 unter Denkmalschutz gestellten Strecke an ausgewählten Tagen organisiert. Dieser hat seinen Sitz im ehemaligen Elektrizitätswerk im Lößnitzgrund. Seit 11. Juni 2004 gehört die Strecke gemeinsam mit der Weißeritztalbahn zur in Annaberg-Buchholz ansässigen Sächsischen Dampfeisenbahngesellschaft (SDG). Diese betreibt auch die Schmalspurbahn Cranzahl–Kurort Oberwiesenthal (Fichtelbergbahn). 2007 übernahm der Verkehrsverbund Oberelbe 35 Prozent der Gesellschafteranteile, der Landkreis Meißen 2008 den Großteil der Infrastruktur der Lößnitzgrundbahn. Zu einem der schwersten Unfälle kam es zum 125-jährigen Streckenjubiläum am 12. September 2009. Bei Friedewald stieß ein laut regulärem Fahrplan talwärts fahrender Zug mit einem bergwärts fahrenden Sonderzug frontal zusammen. Dabei wurden 121 Menschen verletzt, vier von ihnen schwer. Mit 261 000 Fahrgästen im Jahr 2014 erzielte die Bahnstrecke ihren aktuellen Rekord. Legendär sind die an jeweils zwei Tagen des Karl-May-Festes als „Santa-Fe-Express“ eingesetzten Züge der Traditionsbahn. Die Reisenden werden in diesen Sonderzügen von mitfahrenden Cowboys und Marshalls gegen die Überfälle von Indianer-Horden verteidigt.

Der dampflokbetriebene Zug unterhalb der Weinberge am Ausgang des Lößnitzgrundes. Seit 1884 verbindet der „Lößnitzdackel" oder „Grundwurm" – 1998 bürgerte sich die Marketingbezeichnung Lößnitzgrundbahn ein – auf 16,49 Kilometer langer Strecke die Städte Radebeul und Radeburg.

99 1775-8
16.06.05

Hat der Zug den Heimatbahnhof Radebeul Ost verlassen, dampft er einen reichlichen Kilometer parallel zur Pestalozzistraße durch ein Gebiet mit dichter Wohnbebauung.

Rechts: Lokführer und Heizer haben während der Fahrt gut zu tun, müssen ihre Augen überall haben. In Ausnahmefällen darf sogar ein „Nachwuchs-Eisenbahner" mit auf den Führerstand.

Links: „Einsteigen bitte, Vorsicht an der Bahnsteigkante!" Im Bahnhof Radebeul Ost startet die Lößnitzgrundbahn. Hier befinden sich auch die Lokbehandlungsanlagen, Abstellgleise und das Schmalspurbahnmuseum Radebeul.

Vor dem Haltepunkt „Weißes Roß" kreuzt das Schmalspurbahn-Gleis die Gleise der Dresdner Straßenbahnlinie 4 und die Meißner Straße. Überquert der dampflokbetriebene Zug die wichtigste Verkehrsader zwischen Dresden und Meißen, halten Schranken den Straßenverkehr auf.

Zu den alljährlichen Karl-May-Festtagen, bei denen Indianer die Züge als besondere Showeinlage überfallen, steht die Bahn unter dem Schutz Uniformierter.

Der Haltepunkt im malerischen Lößnitzgrund besteht seit Eröffnung der Strecke. Die unter Denkmalschutz stehende Wartehalle wurde 1897 errichtet.

Winterstimmung auf der Kleinbahnstrecke nach Moritzburg und Radeburg. Die romantische Fahrt mit der Lößnitzgrundbahn ist zu jeder Jahreszeit ein Erlebnis für Groß und Klein.

Radebeul – Silhouetten am mächtigen Elbestrom

Südlich der Stadt bildet die Flussmitte der Elbe Radebeuls natürliche Grenze zu Dresden bzw. dem 1997 von der Landeshauptstadt eingemeindeten Ort Cossebaude mit Niederwartha. Kilometerweit fließt die 1094 km lange Elbe an Radebeul vorbei, verleiht der Lößnitz mit ihren Weinbergterrassen und großzügigen Gärten ein besonderes Flair. Das heutige Flussbett entspricht nicht jenem vorgeschichtlicher Zeiten. Elbarme wie der von Dresden-Mickten nach Serkowitz verlaufende Seegraben demonstrieren, dass der Flussverlauf bis zu den im 19. Jahrhundert einsetzenden Uferbegradigungen Veränderungen unterworfen war. Die Grenzen der Beherrschbarkeit des Wassers zeigten sich vor allem bei den Fluten 1845, 2002 und 2013, welche elbnahe Ortsteile überschwemmten. Neue Deichbauten sollen die Schäden bei künftigen Fluten mindern.

Mit der slawischen Besiedelung nutzten die Menschen Furten in Niedrigwasserbereichen zur Elbquerung. Diese bestanden zwischen Serkowitz und Gohlis sowie bei Kötzschenbroda. Seit dem Mittelalter etablierten sich diverse Fährverbindungen, deren letzte 2000 den Betrieb einstellte. Im Zuge des Baus der Eisenbahnstrecke Berlin–Dresden entstand 1873/75 die Eisenbahnbrücke Niederwartha (353,6 Meter Länge), welche bis zur Teilsprengung 1945 auch vom Straßenverkehr genutzt wurde. Ab 1946 existierte nur ein Gleis, nach der Rekonstruktion 1983 neben zwei Gleisen ein Fuß- und Fahrradweg. Seit Ende 2011 rollt der Straßenverkehr wieder über eine elbabwärts vorgelagerte Schrägseilbrücke mit zwei Fahrspuren (Länge 366 Meter).

Der Personentransport auf der Elbe wurde interessant, als 1837 Kötzschenbroda und 1872 Serkowitz Anlegestellen der Elbdampfschiffahrts-Gesellschaft bzw. der Sächsisch-Böhmischen Dampfschiffahrts-Gesellschaft erhielten. Heute legen die auf der Weinstraßen-Linie (Dresden bis Seußlitz) verkehrenden Dampfer der Sächsischen Dampfschiffahrt während der Sommer-Saison nahe Altkötzschenbroda (Uferstraße) an. Hier befindet sich am Elbkilometer 68,2 auch das Bootshaus des SSV Planeta Radebeul. An den idyllischen Elberadweg ist Radebeul seit 1998 angeschlossen. Zu den Silhouetten am Strom zählen neben den Naturschönheiten und bewahrten Dorfkernen auch die unterhalb der Meißner Straße rund um die Leipzig-Dresdner Eisenbahntrasse bestehenden Industrien und die meist auf Gemüse spezialisierten Gärtnereibetriebe. Dazu Hotels und Pensionen, Handwerker und Gewerbetreibende. Vor allem sind es die fleißigen Menschen, welche Radebeul so lebens- und liebenswert machen, Althergebrachtes bewahren, die Perle an der Elbe täglich neu mit ihren Ideen, ihrer Schöpferkraft bereichern.

Wildgänse auf der Elbe vor Kötzschenbroda. Nahe der Hangkante des Elbtals reckt sich der an der „König-Friedrich-August-Höhe" 1916/17 errichtete Wasserturm (38,95 Meter hoch, Wasserbehälter fasst in zwei Kammern 350 Kubikmeter) empor.

PILLNITZ

Herbstblumen-Schmuck am Haus Altnaundorf 6. Viele Radebeuler Haus- und Villenbesitzer machen aus ihren liebevoll individuell gestalteten Gärten und Parkanlagen wahre Schau- und Schmuckstücke.

Der 1886 gebaute Raddampfer „Pillnitz“ (65,7 Meter lang, 254 Plätze) der Sächsischen Dampfschiffahrt fährt mit seinen 230 PS elbabwärts auf der Weinstraßen-Tour an Radebeul vorbei.

Neben der alten Eisenbahnbrücke verbindet die 366 Meter lange Niederwarthaer Straßenbrücke seit 2011 Radebeul mit der anderen Elbseite. Der Pylon am rechten Ufer ist 77,25 Meter hoch.

Diese Hochwassermarke in Zitzschewig erinnert an das Elbhochwasser von 1845. In jüngster Zeit erlebte Radebeul 2002 und 2013 dramatische Fluten.

Ländliche Idylle verspricht das 1144 erstmals erwähnte Naundorf – das älteste der zehn Ursprungsdörfer von Radebeul. Rund um den Dorfteich mit den vielen Seerosen stehen liebevoll renovierte Gehöfte.

Auch das wohl auf fränkische Kolonisten zurückgehende Serkowitz (1315 erstmals genannt) hat sich den dörflichen Charakter mit solchen bis 1714 zurückdatierbaren Gehöften bewahrt.

Die 1839 eröffnete Bahnstrecke Leipzig–Dresden führt zwischen Meißner Straße und Elbe durch die Lößnitz-Ortschaften. Seit 1840 wird sie zweigleisig betrieben. Als Verkehrsprojekt Deutsche Einheit Nr. 9 wird sie seit 1993 ausgebaut (Fertigstellung 2026).

Teebeutel-Abfüllung der Teehaus GmbH. Der Radebeuler Standort geht auf die Fabrik für „Kaffeesurrogate und Teekomprimate Otto E. Weber“ zurück, die sich 1881 hier ansiedelte.

Meister Dieter Dolze (geb. 1938) und Ehefrau Gudrun (geb. 1938) in ihrer traditionsreichen Konditorei an der Meißner Straße in Radebeul-West.

„Nudossi®“-Chocolatiers sorgen für den Geschmack der feinen Nuss-Nougat-Creme aus der Sächsische und Dresdner Back- und Süßwaren GmbH & Co. KG, die unter dem Markennamen „Vadossi®“ seit 1924 in Kötzschenbroda ansässig ist.

Gärtnereien prägen seit dem 19. Jahrhundert das Bild von Radebeul, versorgen die Märkte rund um Dresden mit erntefrischem Gemüse aus der Heimat.

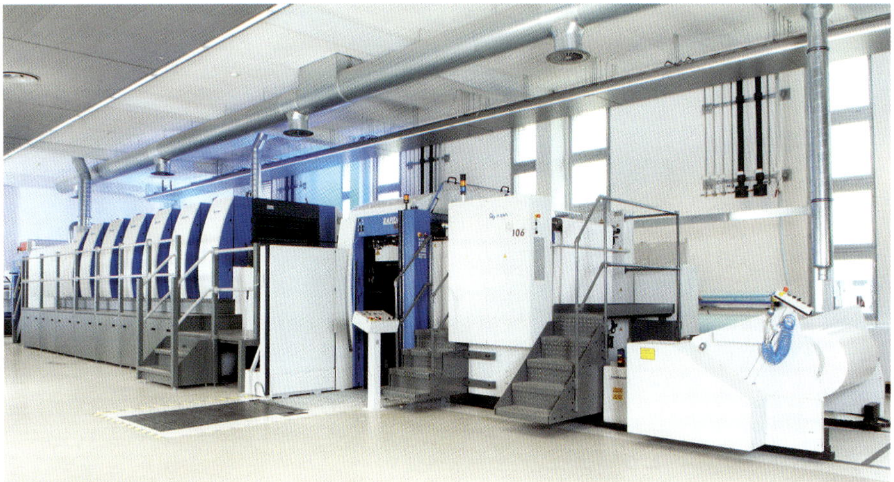

Mit solchen Bogenoffsetmaschinen aus Radebeul-Naundorf ist Koenig & Bauer (KBA) einer der größten Druckmaschinenhersteller der Welt, eine Tradition seit 1911.

Boardinghausanlage vom Radisson Blu Park Hotel & Conference Centre (Nizzastraße 55). Ab 1991 errichtet, ist es das größte Hotel der Stadt.

Herbststimmung um die Blumengöttin. Die 1926 aufgestellte Sandsteinskulptur „Flora mit Putto" im Park am Hörningplatz von Burkhart Ebe (1881–1949) zählt zu den Kleinoden Radebeuls.

Quellen

Andert, Frank: Stadtlexikon Radebeul. Historisches Handbuch für die Lößnitz. – Stadtarchiv Radebeul 2005

Dehio, Georg: Handbuch der deutschen Kunstdenkmäler. Sachsen I. Regierungsbezirk Dresden. – Deutscher Kunstverlag München Berlin 1996

Ficker, Friedbert u. a.: Ernst Ziller. Ein sächsischer Architekt und Bauforscher in Griechenland. – Josef Fink Lindenberg i. Allgäu 2003

Helas, Volker; unter Mitarbeit von Müller, Michael; Nitzsche, Mathis: Denkmaltopographie Bundesrepublik Deutschland – Denkmale in Sachsen Stadt Radebeul. – Sax Verlag Beucha 2007

Helfricht, Jürgen: Astronomiegeschichte Dresdens. – Hellerau Dresden 2001

Helfricht, Jürgen: Der Nudossi®-Code. Backrezepte & Kochideen. Die Geschichte der Nuss-Nougat-Créme. – Husum Husum 2012

Helfricht, Jürgen: Die Erfolgsrezepte sächsischer Naturheiler. – Tauchaer Verlag Taucha 2004

Helfricht, Jürgen: Die Wettiner. Sachsens Könige, Herzöge, Kurfürsten und Markgrafen. – Sachsenbuch Leipzig 5. Auflage 2012

Helfricht, Jürgen: Friedrich Eduard Bilz. Altmeister der Naturheilkunde in Sachsen. – Sinalco AG Detmold Stadtverwaltung Radebeul 1992

Helfricht, Jürgen: Friedrich Eduard Bilz. Naturheiler Philosoph Unternehmer. – Notschriften Radebeul 2012

Helfricht, Jürgen: Kleines Radebeul-ABC. – Husum Husum 2014

Helfricht, Jürgen: Mystisches Dresden. Ein außergewöhnlicher Stadtführer zu geheimnisvollen Orten in Dresden und rund um das Elbtal. – Oberlausitzer Verlag Spitzkunnersdorf 2017

Helfricht, Jürgen: Sächsisches Wein-Kochbuch. Historie Winzer Genuss. – Husum Husum 2014

Helfricht, Jürgen: Traumroute Elbtal. Unterwegs mit der Sächsischen Dampfschiffahrt. – Husum Husum 2013

Helfricht, Jürgen: Vieltausend Augen-Blicke. Reiseführer Sächsische Dampfschiffahrt. Husum Husum 2014

Helfricht, Jürgen: Wahre Geschichten um Karl May. – Tauchaer Verlag Taucha 1999

Lehmann, Edgar (Vorsitzender): Werte unserer Heimat – Lössnitz und Moritzburger Teichlandschaft. – Akademie-Verlag Berlin 1973

Lößnitzheft. – Landesverein Sächsischer Heimatschutz Kurverwaltung Oberlößnitz 1924

Lühr, Hans-Peter; Wehner, Helga: Kulturlandschaft Lößnitz – Radebeul. – Dresdner Hefte 16(1998), Heft 54

Magirius, Heinrich (Hrsg.): 600 Jahre Hoflößnitz. Historische Weingutanlage. – Michael Sandstein Dresden 2001

Magirius, Heinrich: Lutherkirche Radebeul. – Josef Fink Lindenberg 2018

May, Walter: Schloss Wackerbarths Ruhe. Große Baudenkmäler Heft 503. – Deutscher Kunstverlag München 1996

Reintzsch, Irene (Hrsg.): Radebeuler Bilderbogen. Geschichten, Erlebtes und Erzähltes aus der Lößnitz. – Edition Reintzsch Leipzig 1994

Schließer, Liselotte: Herrschaftliche Landsitze in der Lößnitz. Große Baudenkmäler Heft 505. – Deutscher Kunstverlag München 1996

Schließer, Liselotte; Richter, Manfred: Aus der Geschichte von Radebeul. Die Entwicklung der Lößnitzgemeinden zur Stadt. – IG Heimatgeschichte beim Kulturbund Radebeul 1989

Schlösser, Ralf; Hoffmann, Antje: 50 Jahre Rampenlicht. Landesbühnen Sachsen 1945 – 1995. – Landesbühnen Sachsen Radebeul 1995

Weiss, Hansgerhard; Altner, Manfred (Hrsg.): Die Schwestern vom Hohenhaus. – Reintzsch Radebeul 2000

Zeidler, Ingrid: Die Entwicklung des Weinbaus im Gebiet der heutigen Stadt Radebeul im 19. Jahrhundert. – Museum Haus Hoflößnitz Radebeul 1985

Jürgen Helfricht

Zauberhaftes Dresden

Silhouetten von Elbflorenz

96 Seiten,
zahlreiche farbige Abbildungen,
gebunden

ISBN 978-3-89876-405-6

Wenn die Sonne über dem Dresdner Elbtal aufgeht, erstrahlt das Kuppelkreuz der in alter Pracht am Neumarkt errichteten Frauenkirche. Und im goldenen Schein des Lichtes glänzen die edlen Sandsteinfassaden von Zwinger, Semperoper oder Residenzschloss, die wie die Schatzkammer Grünes Gewölbe, die Gemäldegalerie Alte Meister, der Fürstenzug oder das Schloss- und Parkensemble Pillnitz zum weltberühmten Zauber von Elbflorenz gehören. Doch die malerische Stadt an der Elbe ist viel mehr als zu Stein gewordenes Erinnern. Hier haben die Sängerknaben des Kreuzchors und die Sächsische Staatskapelle ihr Zuhause. In Dresden gibt es den schönsten Milchladen der Welt, das „Blaue Wunder", die Seilbahnen, Elbhänge, Weinterrassen, aber auch neue Bauten wie Synagoge und Landesbibliothek, Einkaufs-Paläste und Grandhotels zu bewundern. In die Geheimnisse dieses Spannungsfeldes historischer Sehenswürdigkeiten, spektakulärer moderner Architektur und der hier lebenden Menschen in einer der schönsten Stadtlandschaften Europas führt Autor Jürgen Helfricht die Leser dieses Bandes. Durch Fotograf Holm Röhner prächtig illustriert, macht dieses Buch sichtbar, wie die Perle des Barock und große europäische Kulturmetropole wieder in die erste Reihe der deutschen Städte aufgerückt ist.

Husum Verlag

Jürgen Helfricht

Kleines Radebeul-ABC

141 Seiten,
zahlreiche farbige Abbildungen,
gebunden

ISBN 978-3-89876-634-0

Eingebettet zwischen steilen Rebhängen und malerischen Auen der Elbe ist die Wein-, Villen- und Gartenstadt Radebeul bei Dresden ein Juwel Sachsens. Den Charme dieser romantischen Kulturlandschaft, die ein König „Sächsisches Nizza" nannte, macht das Wechselspiel von imposanten Herrensitzen wie Schloss Wackerbarth oder Hoflößnitz, prachtvollen Parks, historischen Dorfkernen und moderner Architektur aus. Lassen Sie sich entführen zu einer dampfbetriebenen Schmalspurbahn und berühmten Volksfesten, die zu Ehren von Abenteuerschriftsteller Karl May oder Weingott Bacchus jedes Jahr Touristenscharen in die faszinierende Lößnitz locken.

Husum Verlag

Coswig
Radebeul
Zitzschewig
Rad
Elbe
Naundorf
Kötzschenbro
Klipphausen